LA GENTE DE MI VECINDARIO

EL BOMBERO

Jared Siemens

LIGHTBOX
openlightbox.com

Entre a **www.openlightbox.com** e ingrese el código único de este libro.

CÓDIGO DE ACCESO

LBY23289

Lightbox es una completa solución digital para enseñar y aprender temas curriculares de una manera original e innovadora. Lightbox se basa en las Normas Curriculares Nacionales.

OPTIMIZADO PARA

- ✓ **TABLETAS**
- ✓ **PIZARRAS ELECTRÓNICAS**
- ✓ **COMPUTADORAS**
- ✓ **¡Y MUCHO MÁS!**

CARACTERÍSTICAS ESTÁNDAR DE LIGHTBOX

 **AUDIO** Narraciones de alta calidad con sistema de texto a voz

 **VIDEOS** Videoclips de alta definición incorporados

 **ACTIVIDADES** PDFs imprimibles que pueden enviarse por correo electrónico y calificarse

 **ENLACES WEB** Enlaces cuidadosamente seleccionados con recursos seguros para niños

 **PRESENTACIÓN EN DIAPOSITIVAS** Ilustraciones gráficas de los conceptos clave

 **MAPAS INTERACTIVOS** Mapas interactivos e imágenes satelitales aéreas

CUESTIONARIOS Diez preguntas de elección multiple con puntaje automático que se envían por correo electrónico al docente para su evaluación

 **PALABRAS CLAVE** Combinación de los conceptos clave con sus definiciones

VIDEOS

ENLACES WEB

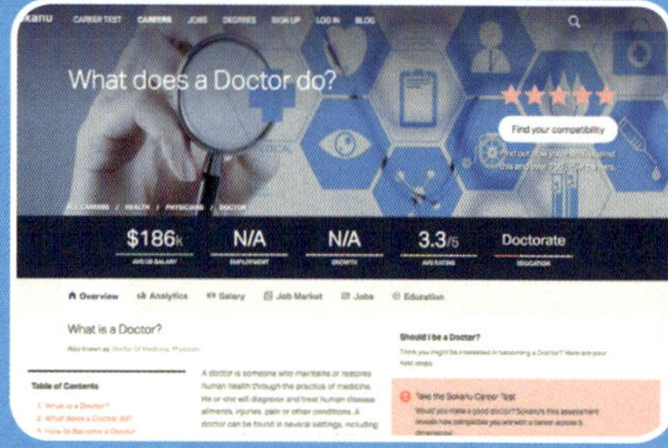

PRESENTACIÓN EN DIAPOSITIVAS

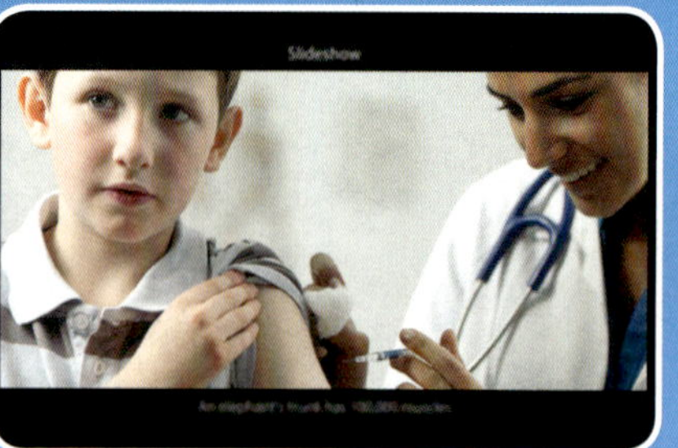

CUESTIONARIOS

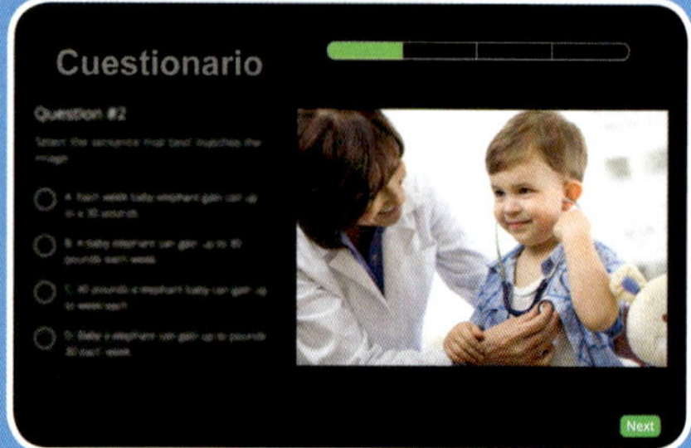

LA GENTE DE MI VECINDARIO

EL BOMBERO

CONTENIDOS

En mi vecindario, hay muchas personas diferentes.

Una de esas personas
es el bombero.

El bombero trabaja en una estación de bomberos.

Allí, los bomberos guardan sus herramientas y se preparan para combatir los incendios.

El **Departamento de Bomberos de la ciudad de Nueva York** es el más activo de los Estados Unidos.

Los bomberos protegen a la gente de mi vecindario.

En los Estados Unidos trabajan más de **1.100.000 bomberos**.

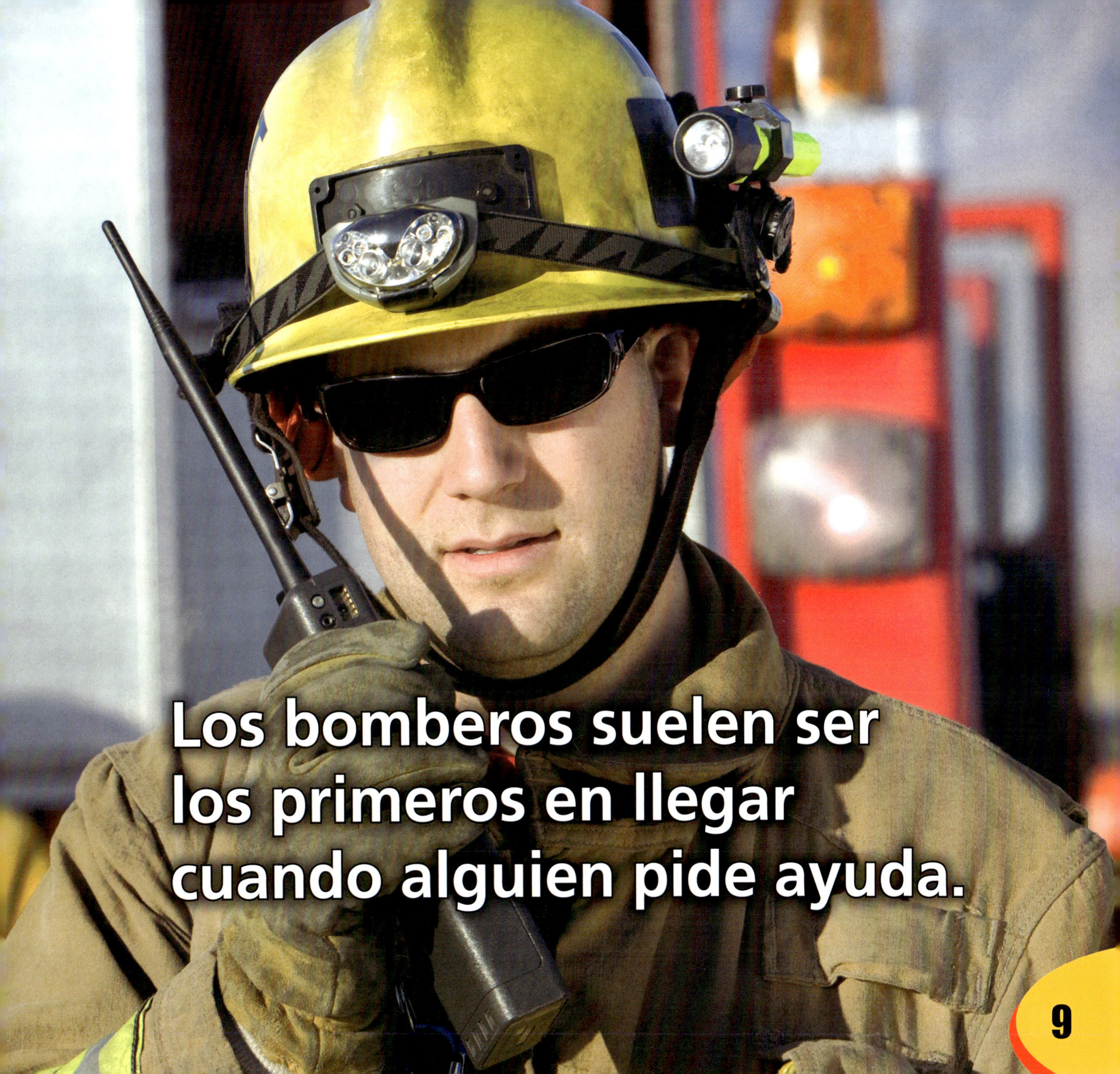

Los bomberos suelen ser los primeros en llegar cuando alguien pide ayuda.

Los bomberos saben cómo ayudar a las personas heridas o enfermas.

Generalmente, los bomberos ayudan a la gente hasta que llegan al hospital.

Los bomberos van hasta el lugar del incendio en un camión de bomberos.

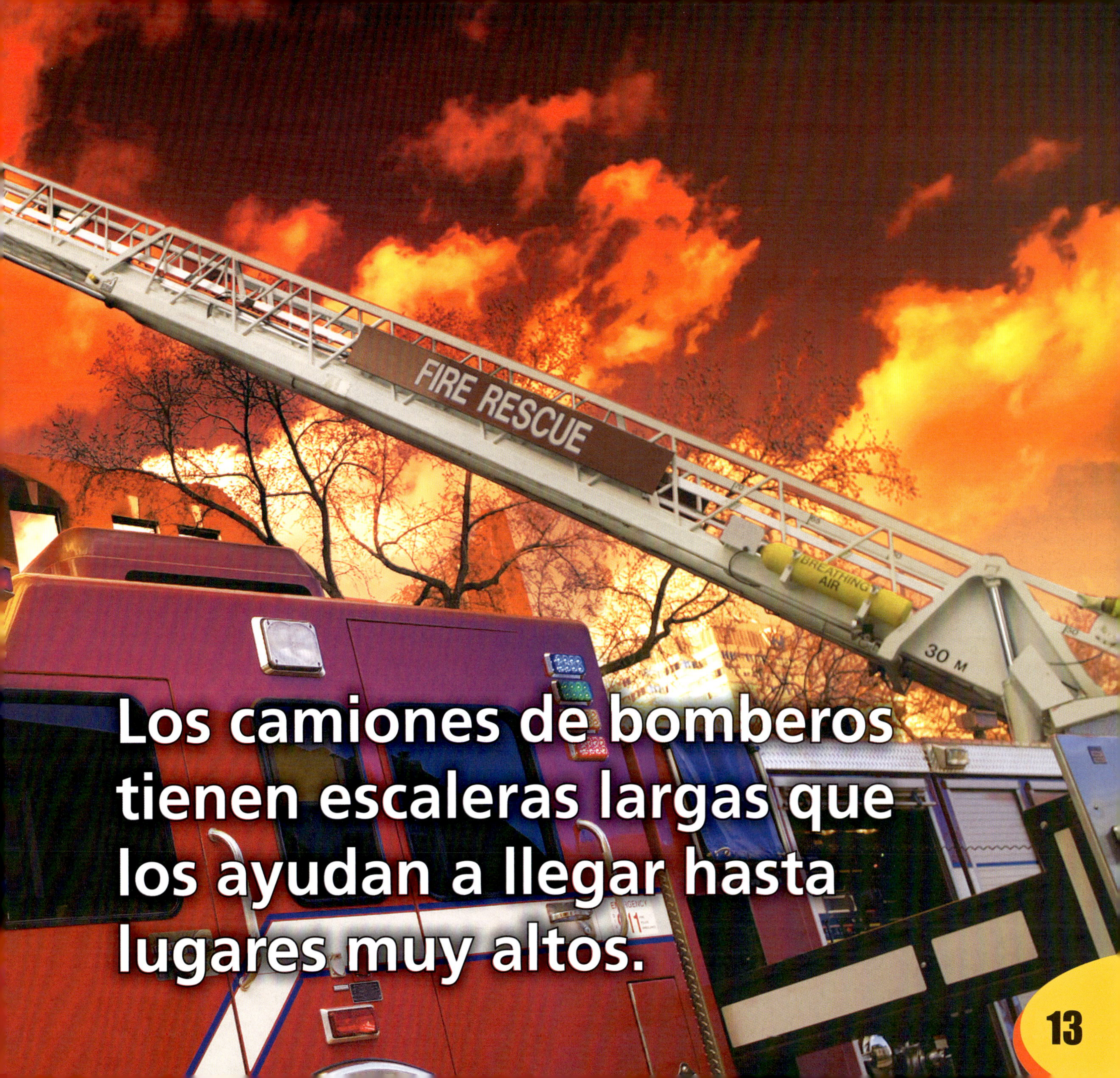

Los camiones de bomberos tienen escaleras largas que los ayudan a llegar hasta lugares muy altos.

Los bomberos usan largas mangueras para rociar agua sobre el fuego.

El agua ayuda a apagar el fuego.

Los bomberos rescatan a las personas atrapadas en edificios en llamas.

Los bomberos llevan puesto un equipo que pesa cerca de **60 libras**.

Usan máscaras que les permiten respirar aire puro.

El bombero me enseña a protegerme del fuego.

Me dice cómo salir de un incendio en forma segura.

FIRE
CAPTAIN

Los bomberos son personas muy importantes en mi vecindario.

Veamos lo que has aprendido sobre el bombero.

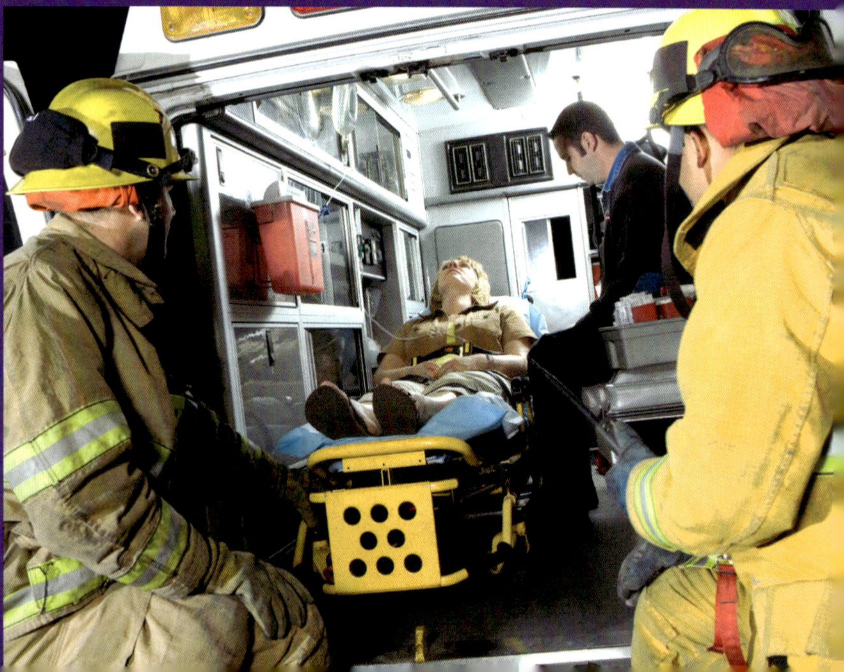

Describe lo que ves en cada imagen.

Published by Smartbook Media Inc.
350 5th Avenue, 59th Floor New York, NY 10118
Website: www.openlightbox.com

Library of Congress Control Number: 2017961969

ISBN 978-1-5105-3410-0 (hardcover)
ISBN 978-1-5105-3411-7 (multi-user eBook)

Printed in the United States of America in Brainerd, Minnesota
1 2 3 4 5 6 7 8 9 0 22 21 20 19 18

012018
011518

Spanish Project coordinator: Sara Cucini
Spanish Editor: Translation Services USA
English Project coordinator: Jared Siemens
Designer: Nick Newton

Every reasonable effort has been made to trace ownership and to obtain permission to reprint copyright material. The publisher would be pleased to have any errors or omissions brought to its attention so that they may be corrected in subsequent printings.

The publisher acknowledges Alamy, Shutterstock, Getty Images, and iStock as its primary image suppliers for this title.